Äpfel & Birnen

Die besten Rezepte

Äpfel & Birnen

Die besten Rezepte

Laura Washburn
Fotografien von Peter Cassidy

THORBECKE

Für I. P.

Danksagung
Bedanken möchte ich mich bei Ryland, Peters & Small für das tolle Team. Fotos, Requisiten und Foodstyling sind überwältigend. Ein Dankeschön an Julia für die tatkräftige Unterstützung; Dank auch an Steve, Peter und Linda für die schönen Fotos. Clara und Julian, danke!

Aus dem Englischen von Annerose Sieck

Bibliografische Information der Deutschen Nationalbibliothek
Die Deutsche Nationalbibliothek verzeichnet diese Publikation in der Deutschen Nationalbibliografie; detaillierte bibliografische Daten sind im Internet über http://dnb.d-nb.de abrufbar.

ISBN 978-3-7995-3563-2

Hinweise

- Alle Löffel-Maßangaben sind – wenn nicht anders angegeben – gestrichene Tee- bzw. Esslöffel.
- Die in den Rezepten verwendeten Eier haben – sofern nicht anders angegeben – die Größe M.
- Backöfen sollten stets auf die angegebene Temperatur vorgeheizt werden. Da Öfen je nach Hersteller unterschiedlich heiß werden, empfehlen wir die Verwendung eines Backofenthermometers. Lesen Sie die Gebrauchsanweisung des Herstellers, wenn Sie z.B. mit einem Heißluftherd garen und backen.
- Gläser sterilisieren Sie, indem Sie diese gründlich in Seifenwasser waschen, gut abspülen und dann 10 Minuten in reichlich Wasser kochen. Befüllen Sie sie, sobald sie getrocknet, aber noch heiß sind. (Ist das Eingemachte kalt, lassen Sie die Gläser vorher abkühlen.)

Inhalt

Einführung

Es gibt wohl kaum etwas Schöneres, als mit Äpfeln zu kochen und zu backen. Fast alle Menschen mögen Äpfel, und die Geschmacksvielfalt der erhältlichen Sorten ist erstaunlich; sie eignen sich für pikante und süße Mahlzeiten. Es gibt so viele Sorten, dass man nahezu endlos mit ihnen experimentieren kann. Äpfel sind das ganze Jahr über erhältlich und spielen deshalb in vielen Küchen eine herausragende Rolle. Mit ihnen lassen sich viele köstliche Mahlzeiten auf den Tisch bringen.

Da es so viele Apfelsorten gibt, unterscheidet man der Einfachheit halber zwischen Tafel- und Kochäpfeln. Letztere haben meist eine dicke und herbe Schale – zu herb, um sie zu essen. Werden Kochäpfel gegart, zerfallen sie. Tafeläpfel dagegen sind knackig und süßlich; kocht man sie, verlieren sie allerdings meist ihr Aroma. Gehen Sie auf die Suche nach regionalen Sorten und experimentieren Sie mit ihnen in der Küche. Meist besteht die beste Wahl in einer Kombination aus zwei oder drei Apfelsorten. Äpfel gibt es nicht nur im Supermarkt. Bei der Recherche für dieses Buch habe ich erstaunt festgestellt, wieviele Leute Apfelbäume in ihrem Garten haben. Ich habe die Chance ergriffen und taschenweise köstliche Äpfel geerntet. Einfach wunderbar!

Da Birnen wie Äpfel zu den herbstlichen Obstsorten gehören, finden Sie in diesem Buch auch einige Birnenrezepte. Bei der Auswahl gilt das Gleiche wie für Äpfel: Am besten sind diejenigen, die in der Region wachsen; es gibt viele Sorten mit unterschiedlichem Geschmack und verschiedenartiger Konsistenz.

Einfach unwiderstehlich beim Kochen mit Äpfeln und Birnen ist der Geruch. Er wärmt, tröstet und verlockt. Es gibt kaum etwas Schöneres als den Duft eines Obstkuchens im Backofen. Worauf warten Sie noch? Probieren Sie einige Rezepte aus und genießen Sie den Geschmack!

Herzhaftes

Birnen-Parmesan-Salat mit Chicorée und Walnüssen

600 g Chicorée (etwa 4–5), entkernt, halbiert und in dünne Scheiben geschnitten

2 reife Birnen, z. B. Williams, entkernt und in dünne Scheiben geschnitten

75–100 g gehobelter Parmesan

75 g gehackte Walnüsse

1 Handvoll fein gehackte glatte Petersilie

Für die Vinaigrette

2 EL Apfelessig

1 TL feines Meersalz

1 TL Dijonsenf

7 EL Sonnenblumenöl

1 EL Walnussöl (nach Belieben)

Frisch gemahlener schwarzer Pfeffer

Eine ideale Vorspeise, die einige herrliche saisonale Zutaten kombiniert. Damit die Käsehobel schön dünn werden, schneiden Sie mit einem Kartoffelschälmesser dünne Scheiben von einem Käseblock ab. Es gibt in größeren Supermärkten abgepackte Parmesanhobel, aber sie sind teurer und schmecken nicht so gut.

Bereiten Sie zuerst die Vinaigrette zu. Essig in eine Schüssel geben, mit Gabel oder Schneebesen das Salz so lange einrühren, bis es sich aufgelöst hat. Senf unterrühren. Das Öl esslöffelweise unterschlagen, bis es emulgiert ist. (Hinweis: Wenn Sie Walnussöl verwenden, dann nur 6 EL Sonnenblumenöl unterrühren.) Pfeffern.

Kurz vor dem Servieren die Salatzutaten in eine Schüssel geben, die Vinaigrette darübergießen und die Zutaten vorsichtig mischen. Auf Teller verteilen und servieren.

4 Portionen

Apfel-Fenchel-Salat mit Roter Bete und Roquefort

1 Bund Brunnenkresse, entstielt, gewaschen und getrocknet

2 rote oder grüne Äpfel, z. B. Gala oder Granny Smith, halbiert, entkernt und in dünne Scheiben geschnitten

1 Fenchelknolle, halbiert und in dünne Scheiben geschnitten

75 g zerkrümelter Roquefort

1 Handvoll fein gehackte glatte Petersilie

1 kleiner Bund Schnittlauch, geschnitten

2 gegarte Rote Bete, in Scheiben

Für die Vinaigrette

2 EL Rot- oder Weißweinessig

1 TL feines Meersalz

1 TL Dijonsenf

7 EL Sonnenblumenöl

1 EL Crème fraîche

Frisch gemahlener schwarzer Pfeffer

4 Portionen

Eine farbenfrohe Kombination knackiger Zutaten, die jede Mahlzeit belebt. Die Mischung aus Aromen und Konsistenzen ist sehr angenehm. Wenn Sie keinen Fenchel bekommen, können Sie stattdessen eine in dünne Scheiben geschnittene Sellerieknolle verwenden.

Bereiten Sie zuerst die Vinaigrette zu. Essig in eine Schüssel geben, mit Gabel oder Schneebesen das Salz so lange einrühren, bis es sich aufgelöst hat. Senf unterrühren. Das Öl esslöffelweise unterschlagen, bis es emulgiert ist. Zum Schluss Crème fraîche unterarbeiten und mit Pfeffer abschmecken.

Kurz vor dem Servieren die Kresse in kleine Stücke zupfen und mit den Äpfeln, Fenchel, Käse, Petersilie und Schnittlauch in eine Salatschüssel geben. Zwei Esslöffel von der Vinaigrette darüberträufeln und die Zutaten vorsichtig mischen. Den Salat auf vier Teller aufteilen und auf jede Portion einige Scheiben von der Roten Bete legen. Restliche Vinaigrette darüberträufeln und sofort servieren.

Apfelkrautsalat

Abgepackter Kohl eignet sich nicht, verwenden Sie daher nur frischen und schneiden Sie ihn selbst. Dieser Salat hat ein leicht cremiges Dressing und bekommt seine Frische durch den Apfel. Eine köstliche und gesunde Abwechslung auf dem Speiseplan.

500 g Rotkohl (etwa ½ Kopf), dünn geschnitten

3 EL Rot- oder Weißweinessig bzw. Himbeeressig

¼ TL feines Meersalz

500 g Weißkohl (etwa ½ Kopf), dünn geschnitten

125 g geriebene Möhren

1 großer, saurer Apfel, z. B. Alkmene, Gloster oder Boskoop, geschält, entkernt und grob gerieben

75 g geröstete Kürbiskerne

Für das Dressing

Saft von ½ Orange

1 EL Apfelessig

½ TL feines Meersalz

1 TL Zucker

1 EL Pflanzenöl

180 g Naturjoghurt

180 g Crème fraîche

Frisch gemahlener schwarzer Pfeffer

6–8 Portionen

Legen Sie die Rotkohlstreifen in eine ofenfeste Schüssel. Den Essig in einen kleinen Topf gießen und aufkochen. Salz einrühren und die Mischung über den Rotkohl gießen. Gut vermengen. So bleibt die Farbe erhalten.

In eine Servierschüssel Rotkohl, Weißkohl, Möhren und Äpfel geben und die Zutaten gründlich mischen.

Für das Dressing Orangensaft, Essig, Salz und Zucker in einer kleinen Schüssel mit Gabel oder Schneebesen verquirlen. Öl, Joghurt und Crème fraîche unterrühren. Zutaten gut vermengen und pfeffern.

Das Dressing über die Kohlmischung gießen und gut mit dem Gemüse mischen. Gegebenenfalls mit etwas Salz und Essig nachwürzen. Den Salat für mehrere Stunden zum Durchziehen in den Kühlschrank stellen. Kurz vor dem Servieren mit den gerösteten Kürbiskernen bestreuen. Der Salat schmeckt am besten am Tag der Zubereitung.

Apfel-Pastinaken-suppe mit Thymian

Pastinaken haben ein ausgeprägtes Aroma, das hervorragend mit dem der Äpfel harmoniert. In dieser leckeren Suppe werden die beiden durch eine Prise Curry und frischen Thymian verfeinert. Genau das Richtige, um einem trostlosen Wintertag ein wenig Glanz zu verleihen.

1 kleine Zwiebel, gehackt
2 EL Olivenöl
1 TL mildes Currypulver
Einige frische Thymianzweige
450 g Pastinaken (etwa 2–3), geschält und klein geschnitten
1 großer, saurer Kochapfel, z. B. Jonagold oder Boskoop, geschält, entkernt und grob zerkleinert
1,25 l Hühner- oder Gemüsebrühe
1 EL Butter
3 gehäufte EL Crème fraîche, zusätzlich etwas zum Servieren
Croûtons zum Servieren (nach Belieben)
Meersalz und frisch gemahlener schwarzer Pfeffer

4 Portionen

Zwiebeln, Öl, Curry und eine gute Prise Salz in einen großen Topf geben. Bei schwacher Hitze die Zwiebeln glasig dünsten. Thymian, Pastinaken und Äpfel unterrühren. Das Ganze weitere 5 Minuten unter Rühren köcheln, gegebenenfalls etwas Öl zugeben. Die Brühe hinzugießen und mit Salz und Pfeffer abschmecken.

Ohne Deckel die Suppe etwa 15–20 Minuten leicht köcheln. Dann sollten die Pastinaken gar sein. Die Suppe mit einem Pürierstab pürieren. Nochmals abschmecken und gegebenenfalls nachwürzen.

Butter und Crème fraîche unterrühren. Die Suppe in Teller füllen und nach Belieben mit Croûtons bestreuen. Etwas Crème fraîche daraufgeben.

Gebäck

Birnen-Schoko-Muffins

Birnen passen besser als jedes andere Obst zu Schokolade. In diesem Rezept verbinden sie sich mit reichlich dunkler Schokolade und kräftigem Frischkäse. Der Zimt verleiht dem Gebäck eine angenehme Würze.

100 g dunkle Schokolade in kleinen Stücken
100 g Butter
200 g feiner Zucker
200 g Frischkäse (Rahmstufe)
2 Eier
200 g Weizenmehl
1½ TL Backpulver
1 TL gemahlener Zimt
1 Pr feines Meersalz
400 g reife Birnen (etwa 2–3), z. B. Williams, geschält, entkernt und gewürfelt
100 g dunkle Schokoladenstückchen
Ein Muffinblech (12 Stück), mit Backpapier oder Papierförmchen ausgelegt

Ergibt 12 Muffins

Den Backofen auf 190 °C vorheizen.

Schokolade und Butter in eine ofenfeste Schüssel geben und auf einen mit köchelndem Wasser gefüllten großen Topf stellen. Der Boden der Schüssel darf das heiße Wasser nicht berühren. Beständig rühren. Die Schüssel vom Topf nehmen, kurz bevor die Mischung vollständig geschmolzen ist. Der Rest schmilzt von selbst. Beiseite stellen.

Zucker und Frischkäse in einer Schüssel verrühren. Mit dem elektrischen Handrührgerät gut durcharbeiten. Eier und geschmolzene Schokolade unterrühren und alle Zutaten gut mischen.

Die trockenen Zutaten in einer extra Schüssel mischen. Zur Schoko-Mischung geben und auf niedriger Stufe unterarbeiten. Birnen- und Schokoladenstückchen unterheben. Den Teig in die Papierförmchen füllen.

Die Form in den vorgeheizten Backofen schieben und etwa 20–30 Minuten backen. Garprobe mit einem Holzstäbchen machen. Die Form auf einen Rost stellen und vor dem Servieren abkühlen lassen.

Gewürz-Apfel-Muffins

140 g Weizenmehl
85 g Vollkornmehl
145 g dunkler brauner Zucker
1 TL Natron
¼ TL Backpulver
1 TL gemahlener Zimt
Je ½ TL Muskatnuss, Ingwer und Nelken (gemahlen)
1 Pr feines Meersalz
250 ml Buttermilch
125 ml Pflanzenöl
1 TL Vanillezucker
1 saurer Apfel, z. B. Cox oder Braeburn, geschält, entkernt und fein gewürfelt
50 g Rosinen oder Sultaninen

Für die Glasur

400 g Frischkäse (Rahmstufe)
115 g Butter
120 g Puderzucker
1 TL Vanillezucker
1 Muffinblech (für 12 Muffins), mit Backpapier oder Papierförmchen ausgelegt

Ergibt 12 Muffins

Ein virtuoser Mix aus Äpfeln, Rosinen, Vollkornmehl, Buttermilch und vielen wärmenden Gewürzen. Die Muffins sind ideal fürs Frühstück, eignen sich aber auch als kleine Zwischenmahlzeit. Haben Sie wählerische Kinder, die keine „Stückchen" im Kuchen mögen, können Sie den Apfel auch grob reiben und die Rosinen weglassen.

Für die Glasur Frischkäse, Butter, Zucker und Vanillezucker in eine Schüssel geben und mit dem elektrischen Handrührgerät mit Rührbesen glatt aufschlagen. In den Kühlschrank stellen.

Den Backofen auf 180 °C vorheizen. In einer Rührschüssel Weizenmehl, Vollkornmehl, Zucker, Natron, Backpulver, Zimt, Muskatnuss, Ingwer, Nelken und Salz gut miteinander vermengen.

In einer zweiten Schüssel Buttermilch, Öl und Vanillezucker verrühren. Die Flüssigkeit in die Schüssel mit den Trockenzutaten geben und mit einem Spatel unterheben. Apfel und Rosinen zufügen und alle Zutaten gut miteinander vermengen.

Jede Papierform bis an den Rand mit dem Teig füllen. Die Form in den vorgeheizten Backofen schieben und die Muffins etwa 25–30 Minuten backen, bis sie aufgegangen sind. Garprobe machen.

Die Form auf einen Rost stellen, vollständig abkühlen lassen. Vor dem Servieren Muffins mit der Glasur bestreichen.

Apfel-Süßspeise

Diese typisch britische Süßspeise aus Südwestengland – ideal für die große Runde – ist eher unbekannt, aber sehr lecker. Mit einer Küchenmaschine, einigen Zutaten aus dem Vorratsschrank, ein paar Äpfeln und ein wenig Crème double ist sie im Nu auf dem Tisch.

450 g säuerliche Äpfel, z. B. Cox oder Braeburn, geschält, entkernt und gewürfelt

Saft von ½ Zitrone

2 EL Zucker

1 EL Butter

Für den Teig

200 g Weizenmehl

1 TL Backpulver

1 TL Natron

1 Pr feines Meersalz

60 g Butter

2 EL Zucker

2 EL Crème double, zusätzlich etwas zum Servieren

125 ml Milch

Zucker zum Bestreuen

1 kleines viereckiges oder rundes Backblech (mit Backpapier ausgelegt und leicht gefettet)

7 Portionen

Apfelwürfel mit Zitronensaft, Zucker und Butter in einen Topf geben und ohne Deckel bei mittlerer Hitze weich dünsten. Den Topf vom Herd nehmen.

Den Backofen auf 220 °C vorheizen.

In einer Küchenmaschine Mehl, Backpulver, Natron und Salz gut miteinander mischen. Butter und Zucker zugeben und so lange rühren, bis der Teig die Konsistenz von feinen Brotkrümeln hat. Crème double und die Hälfte der Milch unterarbeiten. Der Teig sollte weich und klebrig sein. Ist er zu fest, die restliche Milch untermengen.

Den Teig auf eine mit Mehl bestäubte Arbeitsfläche legen und zu einem Rechteck von 20 x 30 cm ausrollen.

Die abgekühlte Apfelmischung auf dem Teig verteilen und den Teig vom langen Ende aus wie eine Biskuitrolle aufrollen. 7 gleich große Stücke auf der Rolle markieren, dann die Rolle mit einem scharfen Messer in Scheiben schneiden. Scheiben mit der Schnittfläche nach unten auf das Backblech legen. Sie sollten sich nicht berühren, denn der Teig läuft beim Backen auseinander.

Streuen Sie reichlich Zucker darüber und backen Sie die Süßspeise im vorgeheizten Backofen in etwa 20–25 Minuten goldbraun. Aus dem Ofen nehmen, leicht abkühlen lassen und warm mit Crème double servieren.

Cookies mit Apfelkonfitüre

Wenn ich Apfelkonfitüre (Seite 62) zubereitet habe, bleibt meist ein wenig übrig. Ich benutze den Rest für dieses Rezept, das immer gut ankommt. Sie können natürlich auch Konfitüre aus dem Glas verwenden.

50 g Butter
100 g hellbrauner Zucker
180 g Apfelkonfitüre aus dem Glas oder selbstgemacht (s. S. 62)
150 g Weizenmehl
½ TL Natron
½ TL Backpulver
½ TL gemahlener Zimt
1 Pr feines Meersalz
50 g Sultaninen oder Rosinen
45 g gehackte Nüsse, z. B. Walnüsse oder Pecannüsse
1 Backblech, mit Backpapier belegt

Ergibt 10–12 Cookies

Den Backofen auf 200 °C vorheizen.

Butter und Zucker in eine Rührschüssel geben und mit dem Rührbesen schaumig schlagen. Apfelkonfitüre unterrühren.

In einer extra Schüssel Mehl, Natron, Backpulver, Zimt und Salz gut miteinander mischen. Zur Buttermischung geben und die Zutaten mit einem Rührlöffel aus Holz gut vermengen. Sultaninen und Nüsse unterheben.

Walnussgroße Häufchen in gleichen Abständen auf das Backblech setzen. Die Cookies im vorgeheizten Backofen 12–15 Minuten backen, bis sie am Rand goldbraun, innen aber noch weich sind. Das Backblech zum Abkühlen auf einen Rost stellen. Mit dem Rest des Teiges ebenso verfahren.

In einem luftdicht verschlossenem Behälter halten die Cookies 4 Tage.

Apfel-Feigen-Nuss-Schnitten

2 große säuerliche Äpfel, z. B. Gravensteiner, Jonagold oder Granny Smith, geschält, entkernt und fein zerkleinert
2 EL flüssiger Honig
2 EL frisch gepresster Orangensaft
2 EL Apfelsaft oder Wasser
250 g getrocknete Feigen, fein gehackt
375 g Weizenmehl
145 g hellbrauner Zucker
250 g Butter, gewürfelt
1 gute Pr feines Meersalz
½ TL gemahlener Zimt
125 g fein gehackte Pecan-, Hasel- oder Walnüsse bzw. Mandeln
1 rechteckige Glas- oder Keramikbackform, 33 x 23 cm, mit Butter bestrichen

Ergibt 16 Schnitten

Bei diesen Schnitten handelt es sich um etwas zwischen Torte und weichem Gebäck. Die Schnitten eignen sich gut für einen Brunch oder zum Nachmittagskaffee. Warm mit etwas Eis serviert sind sie ein köstliches Dessert.

Den Backofen auf 190 °C vorheizen.

In einem großen Topf Äpfel, Honig, Orangen- und Apfelsaft verrühren. Bei schwacher Hitze zugedeckt 10–15 Minuten leicht köcheln, ab und zu umrühren. Mit Hilfe eines Holzlöffels die Apfelstücke etwas zerdrücken. Feigen zufügen und das Ganze ohne Deckel etwa 5 Minuten weiterköcheln, bis die Feigen weich sind. Wird die Mischung zu dick, etwas Orangen- oder Apfelsaft zugeben. Zum Schluss das grobe Püree noch einmal gut mit dem Holzlöffel durchrühren. Vom Herd nehmen und abkühlen lassen.

In einer Küchenmaschine Mehl, Zucker, Butter, Salz und Zimt vermengen. So lange laufen lassen, bis grobe Teigkrümel entstehen. Alternativ die Zutaten in einer Schüssel mit einem Pastry Cutter (wenn Sie einen besitzen) oder mit einem Teigspatel vermengen. Dann mit den Fingern den Teig zu groben Krümeln verarbeiten.

Die Hälfte des Teiges auf den Boden der vorbereiteten Form geben und fest andrücken. Apfel-Feigenmischung in einer gleichmäßigen Schicht darauf verteilen. Nüsse oder Mandeln mit den Fingern in den restlichen Teig einarbeiten und die Teigbrösel auf den Belag streuen.

Im vorgeheizten Backofen in etwa 30–40 Minuten braun backen, danach sofort schneiden. Die Schnitten halten sich 7–10 Tage in einem luftdichten Behälter.

Würziger Apfelkuchen

225 g Butter
200 g hellbrauner Zucker
6 EL flüssiger Honig
275 g Vollkornmehl
75 g Weizenmehl
2 TL Backpulver
1 TL gemahlener Zimt
Je ½ TL gemahlene Nelken, Ingwer und Muskatnuss
5 Eier, verquirlt
3 EL gemahlene Mandeln
50 g Sultaninen
550 g saure Kochäpfel, geschält, entkernt und fein zerkleinert
4 EL Milch
3–4 EL geröstete Mandelblätter
Puderzucker zum Bestäuben
1 quadratische Kuchenform (23 cm), mit Mehl bestäubt

Ergibt 16 Stücke

Dieses Rezept stammt ursprünglich aus Somerset in England. Ich habe es mit Honig und Gewürzen verfeinert.

Den Backofen auf 170 °C vorheizen.

Butter und braunen Zucker in eine Rührschüssel geben und leicht schaumig aufschlagen. Honig unterrühren. In einer extra Schüssel Mehl, Backpulver, Zimt, Nelken, Ingwer und Muskat vermengen.

Die trockenen Zutaten unter die Buttermischung heben, dann die Eier nach und nach mit dem Rührbesen unterarbeiten. Mandeln, Sultaninen, Äpfel und Milch unterheben und mit den restlichen Zutaten mischen. Den Teig in die vorbereitete Kuchenform streichen.

Im vorgeheizten Backofen etwa 50–60 Minuten backen. Bei der Garprobe sollten an dem Holzstäbchen keine Teigreste mehr kleben. Ist der Kuchen abgekühlt, bestreuen Sie ihn mit den Mandelblättern und bestäuben ihn mit Puderzucker. Zum Servieren in Quadrate schneiden. In einem luftdichten Behälter hält sich der Kuchen 4–5 Tage.

Apfel-Möhren-Brot mit Walnüssen

250 g Weizenmehl
150 g heller Muscovadozucker
1 EL Backpulver
1 Pr feines Meersalz
1 TL gemahlener Zimt
½ TL gemahlene Muskatnuss
Je ¼ TL gemahlener Ingwer und Piment
100 ml Apfelsaft
75 g zerlassene Butter
2 Eier (Größe L), verquirlt
1 großer, saurer Kochapfel, geschält, entkernt und gerieben
100 g geriebene Möhren
65 g grob gehackte Walnüsse
1 Brotform (ca. 23 x 13 x 8 cm) für 900 g, mit Butter bestrichen

6–8 Portionen

Superleicht zuzubereiten. Ein großer Laib hält lange und gut – ideal also, wenn Sie einige Tage etwas frisch Gebackenes im Haus haben möchten. Es schmeckt pur, aber auch mit Butter und Frischkäse. Einfach lecker!

Den Backofen auf 180 °C vorheizen.

In einer Rührschüssel Mehl, Zucker, Backpulver, Salz, Zimt, Muskat, Ingwer und Piment mischen. Beiseite stellen.

In einer weiteren Schüssel Apfelsaft, zerlassene Butter und Eier verrühren. Die Mischung vorsichtig unter die Mehlmischung heben und verrühren. Mit den Händen die restliche Flüssigkeit aus den geriebenen Äpfeln und Möhren drücken. Äpfel und Möhren mit den Walnüssen zugeben und alles gut vermengen.

Den Teig in die vorbereitete Brotform geben und glattstreichen. Im vorgeheizten Backofen etwa 60–75 Minuten backen. Bei der Garprobe sollten an der Nadel keine Teigreste mehr kleben.

Das Brot in der Form auf dem Rost einige Minuten abkühlen lassen, dann herausnehmen und auf einem Rost vollständig abkühlen lassen. In einem luftdichten Behälter hält sich das Brot 4–5 Tage.

Süßer Gebäckteig

200 g Weizenmehl
2 TL feiner Zucker
100 g gekühlte Butter, gewürfelt
1 Pr feines Meersalz
3–4 EL kaltes Wasser
1 Tarteform mit abnehmbarem Boden (Durchmesser ca. 27 cm), mit Butter bestrichen und leicht mit Mehl bestäubt

Genug Teig für ein süßes Gebäck (Durchmesser 27 cm)

Aus der Teigmenge lässt sich eine große Tarte zubereiten. Gut eingewickelt lässt sich der Teig auch einfrieren. Ich mache normalerweise gleich die doppelte Menge, weil ich ohnehin schon alle Zutaten herausgeholt habe. So hat man immer schnell einen Teig zur Hand.

Mehl, Zucker, Butter und Salz in die Küchenmaschine geben und die Mischung so lange rühren, bis sich die Zutaten gut verbunden haben. 3 Esslöffel Wasser zugeben und so lange weiterkneten, bis der Teig krümelig wird oder zusammenklebt, falls erforderlich, noch einen Esslöffel Wasser zugeben.

Den Teig auf ein Stück Pergamentpapier legen, eine Kugel daraus formen und diese zu einem Kreis flachdrücken. In Papier einwickeln und an einem kühlen Ort 30–60 Minuten ruhen lassen.

Den Teig auf einer bemehlte Arbeitsfläche zu einem Kreis ausrollen, der etwas größer als die vorbereitete Tarteform ist. Den Teig sorgfältig in die Form legen, etwaige Löcher „stopfen" und den Teig fest an den Rand drücken. An den Rändern sollte der Teig etwas dicker als am Boden sein. Mit einem Nudelholz über die Ränder rollen, damit der überschüssige Teig sich abnehmen lässt. Säubern Sie die Kanten der Form und kühlen Sie den Teig mindestens 30 Minuten, bis er fest ist.

Zum Blindbacken den Backofen auf 200 °C vorheizen. Den Boden der Tarte überall einstechen, mit Backpapier belegen und mit Backgewichten oder Trockenbohnen belegen. Die Form auf der unteren Schiene des Backofens 15 Minuten backen, dann Papier und Gewichte entfernen und den Teig wieder in den Backofen schieben. In etwa 10–15 Minuten goldbraun backen. Das Gebäck vor dem Füllen etwas abkühlen lassen.

Tartes und Pies

Apfeltarte

1 vorgebackener süßer Gebäckteig (s. S. 30)

3 milde Tafeläpfel, z. B. Golden Delicious, geschält, entkernt und in Scheiben geschnitten

1 EL zerlassene Butter

1 EL Zucker

Gesüßte Crème fraîche, geschlagene Sahne oder Vanilleeis zum Servieren

Für das Apfel-Vanille-Püree

3 Äpfel (jede Sorte), geschält, entkernt und gewürfelt

1 Vanilleschote, längs aufgeschlitzt

2–4 EL Zucker (hängt vom Säuregehalt der Äpfel ab)

2 TL Butter

6–8 Portionen

Ein Klassiker mit einer leichten Abwandlung. Die Kombination von Äpfeln und Vanille ist göttlich, deshalb habe ich eine Schicht Apfel-Vanille-Püree eingefügt.

Für das Apfelpüree Apfelstücke, Vanilleschote, Zucker und Butter mit 3–4 Esslöffeln Wasser in einen Topf geben. Unter häufigem Rühren etwa 10–15 Minuten kochen. Falls erforderlich, mehr Wasser zugeben. Mit der Spitze eines kleinen Messers die Vanilleschote auskratzen, die Schote entfernen. Pürieren.

Den Backofen auf 190 °C vorheizen. Das Püree gleichmäßig auf den Teig streichen. Apfelscheiben leicht überlappend in zwei gegenläufigen Kreisen anordnen. Die Apfelscheiben mit zerlassener Butter bestreichen und mit Zucker bestreuen.

Die Tarte im vorgeheizten Backofen etwa 25–35 Minuten backen. Sie sollte leicht gebräunt sein. Warm oder bei Zimmertemperatur servieren. Dazu schmecken Crème fraîche, Schlagsahne oder Vanilleeis.

Tarte Tatin

1 Gebäckteig (s. S. 30)
150 g Butter
150 g feiner Zucker
1,5 kg (ca. 9) Golden Delicious oder säuerliche Äpfel wie z. B. Cox, geschält, entkernt und geviertelt
Crème fraîche zum Servieren
1 schwere, feuerfeste Tarte-Tatin-Pfanne (idealerweise aus emailliertem Gusseisen oder Kupfer), Durchmesser 20 cm

6 Portionen

Welcher Apfel zur Tarte Tatin gehört, wird gern und häufig debattiert. Ich mag sie am liebsten mit Golden Delicious, denn der Apfel behält seine Form und sein liebliches Aroma, das gut zum köstlichen Karamell passt. Andere nehmen lieber einen säuerlichen Apfel. Wichtig ist, dass der Apfel während des Garens nicht zerfällt. Zur Tarte Tatin esse ich am liebsten Crème fraîche.

Den Teig auf einer mit Mehl bestäubten Arbeitsfläche zu einem Kreis ausrollen. Die Tarte-Pfanne umgekehrt auf den ausgerollten Teig legen und die Umrisse der Form mit einem spitzen Messer nachzeichnen. Dann den Teigkreis auf ein Backblech legen und kühl stellen.

Butter und Zucker in die Tarte-Pfanne geben und die Herdplatte auf höchste Stufe stellen. Unter ständigem Rühren schmelzen lassen. Pfanne vom Herd nehmen und die Apfelviertel in zwei gegenläufigen Kreisen in der Pfanne anordnen.

Pfanne wieder auf den Herd stellen und die Äpfel etwa 30 Minuten garen. Dann bei genauer Beobachtung weitere 5–15 Minuten garen, bis die Flüssigkeit eingedickt und gold-karamellfarben ist.

Den Backofen auf 200 °C vorheizen.

Die Pfanne vom Herd nehmen und mit der vorbereiteten Teigplatte belegen, Teig fest in die Ecken klemmen. Die Pfanne in den Backofen stellen und den Teig in 45–60 Minuten braun backen. Tarte Tatin aus dem Ofen nehmen und nur leicht abkühlen lassen. Ist die Tarte zu kalt, bricht der Karamell. Auf einen Servierteller stürzen. Die Tarte schmeckt heiß oder warm mit Crème fraîche.

Birnen-Mandel-Tarte

Ein typisch französisches Gebäck. Manchmal werden die Birnen einfach nur halbiert, aber ich finde, die Tarte sieht schöner aus, wenn die Birnen in Scheiben geschnitten werden. Dazu schmecken Vanilleeis oder -sauce, aber auch Schlagsahne oder Crème fraîche.

1 vorgebackener süßer Gebäckteig (s. S. 30), Durchmesser 27 cm oder wie hier 35 x 11 cm

100 g weiche Butter

100 g Zucker

2 Eier (Größe L)

100 g gemahlene Mandeln

2 EL Weizenmehl

Mark aus ½ Vanilleschote oder 1 TL Vanillepulver

3–4 reife Birnen, z. B. Williams, geschält, entkernt, in Scheiben geschnitten

Vanilleeis oder Vanillesauce zum Servieren

6 Portionen

Den Backofen auf 190 °C vorheizen.

In einer Rührschüssel Butter und Zucker schaumig schlagen. Eier nacheinander gut unterrühren. Mandeln, Mehl und Vanillemark oder -pulver unterrühren.

Den Teig gleichmäßig in der Form verstreichen. Die Birnenscheiben auf dem Teig verteilen.

Die Tarte im vorgeheizten Backofen in etwa 20–25 Minuten goldbraun backen. Noch warm mit Eis oder Sauce servieren.

Holländischer Apfelkuchen

500 g fertiger Mürbeteig (aufgetaut, falls TK-Teig)
1,3 kg säuerliche Tafeläpfel, z. B. Cox oder Braeburn
100 g Zucker
100 g Sultaninen
1 TL gemahlener Zimt
1 EL Zitronensaft
Schlagsahne zum Servieren

Für den Streuselbelag
90 g hellbrauner Zucker
45 g Weizenmehl
120 g kalte Butter
Je 1 TL Zimt, Muskatnuss und Piment
1 Pr feines Meersalz
80 g gehackte Walnüsse
1 Springform (24 cm Durchmesser), mit Butter bestrichen und mit Mehl bestäubt

6–8 Portionen

Es gibt mehrere Möglichkeiten, den Kuchen zu belegen, etwa mit einem Teiggitter oder wie hier mit Streuseln. Eigentlich ist die Tarte nicht wirklich holländisch, denn das Rezept stammt von den Amish aus den USA.

Den Backofen auf 180 °C vorheizen.

Den Mürbeteig auf einer mit Mehl bestäubten Arbeitsfläche ausrollen, in die vorbereitete Form legen und am Rand hochziehen. Die Form in den Kühlschrank stellen, während Sie die Äpfel vorbereiten.

Äpfel schälen, entkernen und in Scheiben schneiden. In eine Schüssel füllen und Zucker, Sultaninen, Zimt und Zitronensaft zugeben. Die Zutaten mit den Händen mischen.

In einer Küchenmaschine alle Zutaten (außer den Walnüssen) für den Belag mischen, bis Streusel entstehen. Walnüsse kurz mit unterarbeiten.

Die Apfelmischung auf dem Teig verteilen. Mit den Streuseln gleichmäßig bis zum Rand bedecken.

Mit Folie zudecken und im vorgeheizten Backofen etwa 30 Minuten backen. Die Folie entfernen und weiterbacken, bis die Streusel eine goldbraune Farbe haben. Das dauert etwa 25–30 Minuten.

Form aus dem Backofen nehmen und die Tarte leicht abkühlen lassen. Noch warm mit Schlagsahne servieren.

Klassische Apple Pie

Apple-Pie-Freunde (dazu gehöre ich) glauben, dass die beste Pie aus mehreren Apfelsorten zubereitet wird. So werden süße und saure Aromen mit festen und weichen Konsistenzen kombiniert.

1,3 kg gemischte Äpfel, z. B. Cox, Braeburn und Golden Delicious, geschält und entkernt

50 g Zucker oder nach Geschmack mehr

1 TL gemahlener Zimt

1 EL Zitronensaft

Schlagsahne zum Servieren

Für den Teig

300 g Weizenmehl

1 TL Zucker

¼ TL feines Meersalz

75 g Butter

75 g Schweineschmalz oder Pflanzenfett

1 Eigelb

4 EL kaltes Wasser

1 verquirltes Ei

Zucker zum Bestreuen

1 Pieform (mit abfallendem Rand), 23–25 cm Durchmesser, mit Butter bestrichen

6–8 Portionen

Für den Teig Mehl, Zucker und Salz in eine Küchenmaschine geben und die Zutaten mischen. Butter und Schmalz zugeben und die Mischung so lange rühren, bis grobe Brösel entstehen. Eigelb und Wasser unterarbeiten. Die Mischung sollte noch krümelig sein.

Den Teig auf eine mit Mehl bestäubte Arbeitsfläche legen und zu einer Kugel formen. Kugel halbieren, jeweils in Frischhaltefolie einwickeln und mindestens 1 Stunde kalt stellen (falls länger, doppelt in Folie einschlagen, weil der Teig schnell austrocknet). Eine Teighälfte ausrollen und damit den Boden der Form belegen. Der Teig sollte 1 Zentimeter über den Rand hängen; restlichen Teig abschneiden und für Dekoration verwenden. Teig kalt stellen, während Sie die Äpfel vorbereiten.

Die Äpfel in nicht zu dicke Scheiben schneiden. Diese in eine Schüssel geben, Zucker, Zimt und Zitronensaft zugeben und mit den Händen gut mischen. Die Mischung auf dem Boden in der Pieform verteilen.

Den Backofen auf 190 °C vorheizen.

Den restlichen Teig auf der bemehlten Arbeitsfläche zu einem Kreis ausrollen – groß genug, um die Apfelmischung zu bedecken. Die Teigränder mit Eigelb bestreichen, dann den zweiten Teigkreis darauflegen. Die überhängenden Teigteile vom Boden darüberschlagen und mit den Fingerspitzen andrücken. Das geht auch mit einer Gabel. Dekorieren Sie die Pie nach Geschmack und bestreichen Sie sie mit Ei, dann streuen Sie ein wenig Zucker darüber. Den Belag 6–8-mal einschneiden.

Die Form auf ein Backblech stellen und die Pie im vorgeheizten Backofen etwa 50–60 Minuten backen. Warm mit kalter Sahne servieren.

Apfelstrudel mit gebrannten Nüssen

Geröstete, zerkleinerte Nüsse sind einer meiner Geheimtipps. Sie sind kinderleicht vorzubereiten und vervollkommnen so manches Dessert – ob Äpfel oder etwas anderes. Hier bilden die Nüsse ein ideales Gespann mit dem knusprig-blättrigen Filo-Teig.

450 g säuerliche Tafeläpfel, z. B. Cox oder Braeburn, geschält, entkernt und klein geschnitten

75 g Trockenfrüchte, z. B. Sultaninen, Cranberries oder Sauerkirschen

100 g hellbrauner Zucker

1 TL gemahlener Zimt

1 EL Butter

6 Scheiben Filo-Blätterteig (TK-Teig aufgetaut)

50 g zerlassene Butter

Puderzucker zum Bestäuben

Schlagsahne oder Crème fraîche zum Servieren

Für die gerösteten Nüsse

75 g Pecannüsse, ohne Schale

40 g feiner Zucker

1 Backblech mit Backpapier ausgelegt

6–8 Portionen

Pecannüsse und Zucker in eine antihaftbeschichtete, schwere Pfanne geben und bei mittlerer/hoher Hitze unter ständigem Rühren erhitzen, bis der Zucker fest geworden ist und die Nüsse von allen Seiten bedeckt. Die Nüsse zum Abkühlen auf einen Teller legen, dann in einer Kaffeemühle oder kleinen Küchenmaschine zu einem groben Puder zermahlen. Beiseite stellen.

In einem großen Topf Äpfel, Trockenfrüchte, braunen Zucker, Zimt und 1 Esslöffel Butter vermengen. Bei mittlerer Hitze dünsten, bis die Äpfel weich und die austretenden Säfte verdampft sind. Das dauert etwa 15 Minuten. Den Topf vom Herd nehmen und die Apfelmasse abkühlen lassen.

Den Backofen auf 190 °C vorheizen.

Zwei Scheiben Filo-Teig auf das vorbereitete Backblech legen und mit etwas zerlassener Butter bestreichen. Etwas von den Nussbröseln daraufstreuen. Zwei weitere Teigblätter darauflegen und wieder mit der Nussmischung bestreuen. Weitere zwei Teigblätter darauflegen. Die Apfelmasse gleichmäßig darauf verteilen und mit etwas von der Nussmischung bestreuen. Vom langen Ende aus die Teigplatten vorsichtig wie eine Biskuitrolle aufrollen. Mit zerlassener Butter bestreichen, mit den restlichen Nüssen bestreuen und im vorgeheizten Backofen in etwa 25–30 Minuten knusprig backen. Der Strudel sollte eine goldbraune Farbe haben.

Den Strudel aus dem Ofen nehmen und etwas abkühlen lassen. Mit Puderzucker bestäuben, in Scheiben schneiden und noch warm mit geschlagener Schlagsahne oder Crème fraîche servieren.

Desserts

Apfel-Brombeer-Crumble

Es gibt keinen besseren Partner für Äpfel als reife, saftige Brombeeren. Das einfache Dessert schmeckt göttlich, wenn es direkt aus dem Backofen noch warm mit einer Kugel Vanilleeis serviert wird. Bleibt etwas übrig, schmeckt es mit Joghurt zum Frühstück.

900 g gemischte Äpfel, geschält, entkernt und klein geschnitten

450 g Brombeeren

50 g feiner Zucker

Vanilleeis zum Servieren

Für die Streusel

80 g Haferflocken

140 g Weizenmehl

80 g hellbrauner Zucker

80 g gemahlene Mandeln

½ TL gemahlener Zimt

150 g Butter, gewürfelt

1 ofenfeste Form (23–25 cm Durchmesser) oder 4–6 kleine Formen (9–12 cm Durchmesser), mit Butter bestrichen

4–6 Portionen

Den Backofen auf 200 °C vorheizen.

Äpfel, Beeren und Zucker in eine Rührschüssel geben und mit den Händen gut mischen. Das Ganze in der vorbereiteten Backform verteilen.

Für die Streusel Haferflocken, Mehl, Zucker, Mandeln und Zimt in eine Schüssel geben und mischen. Butter zugeben und das Ganze mit den Fingern oder einem Mixer zu groben Krümeln verarbeiten. Das geht auch mit der Küchenmaschine; hier müssen Sie allerdings darauf achten, dass die Streusel nicht zu fein werden.

Die Streusel über die Apfel-Brombeer-Masse streuen. Den Crumble im vorgeheizten Backofen etwa 35–45 Minuten backen. Die Streusel haben dann eine goldbraune Farbe und das Obst „blubbert". Noch warm mit Vanilleeis servieren.

Brown Betty mit Äpfeln und Cranberries

900 g säuerliche Tafeläpfel, z. B. Cox oder Boskoop, geschält, entkernt und in Scheiben geschnitten
1 TL gemahlener Zimt
1 EL fein geriebene Orangenschale
75 ml Apfel- oder Orangensaft
100 g getrocknete Cranberries
375 g frische weiße Semmelbrösel
85 g zerlassene Butter
80 g gehackte Pecannüsse
75 g hellbrauner Zucker
2 EL Butter
Schlagsahne zum Servieren
1 antihaftbeschichtete Backform, etwa 20 cm Durchmesser, gut mit Butter eingestrichen

4–6 Portionen

Ursprünglich hat das traditionelle amerikanische Rezept einen eher ärmlichen Hintergrund. Immer gehören Äpfel dazu, aber nicht notwendigerweise Cranberries. Wie auch beim englischen Brotpudding kann man altbackenes Brot aufbrauchen. Doch ich finde, es schmeckt besser, wenn man frisches Weißbrot oder sogar Brioches dafür verwendet.

Den Backofen auf 190 °C vorheizen.

In einer Schüssel Äpfel, Zimt, Orangenschale, Apfel- oder Orangensaft und Cranberries vermengen. Vorsichtig mischen und beiseite stellen.

In einer extra Schüssel Semmelbrösel und zerlassene Butter gut miteinander mischen.

Etwa ein Drittel der Butter-Semmelbrösel auf dem Boden einer vorbereiteten Backform verteilen. Pecannüsse und Zucker zu den restlichen Semmelbröseln geben und gut mischen.

Die Hälfte der Apfelmasse auf die Semmelbrösel in der Backform streichen. Mit der Hälfte der Semmelbrösel-Pecannuss-Mischung bestreichen, dann die restliche Apfelmasse darübergeben. Zum Schluss das Ganze mit der restlichen Semmelbrösel-Pecannuss-Mischung belegen. Zwei Esslöffel Butter daraufgeben und im vorgeheizten Backofen etwa 30–40 Minuten backen. Noch warm mit geschlagener Sahne servieren.

Birnen-Auflauf

Dieses Dessert besteht aus süßem, dickem Teig, der über Früchte gegossen und dann gebacken wird. Ein schlichtes Essen, leicht zuzubereiten und noch einfacher zu essen!

900 g Birnen, geschält, entkernt und in Scheiben geschnitten

75 g hellbrauner Zucker

2 EL Weizenmehl

1 TL Vanillepulver

Fein geriebene Schale von 1 Orange

Vanilleeis oder Schlagsahne zum Servieren

Für den Teig

300 g Weizenmehl

200 g Zucker

1 EL Backpulver

1 Pr feines Meersalz

250 ml Milch

125 g zerlassene Butter

Zucker oder Zimtzucker zum Bestreuen

1 ofenfeste Backform, etwa 23–25 cm Durchmesser, gut mit Butter bestrichen

4–6 Portionen

Den Backofen auf 190 °C vorheizen.

In einer Schüssel Birnen, Zucker, Mehl, Vanillepulver und Orangenschale mischen. Vorsichtig die Zutaten mit den Händen vermengen und danach gleichmäßig auf dem Boden der Backform verteilen.

Mehl, Zucker, Backpulver und Salz in einer Schüssel vermengen. In einer dritten Schüssel Milch und zerlassene Butter verrühren. Die Milch-Butter-Mischung nach und nach unter die Trockenzutaten rühren. Mit einem Holzlöffel glattrühren.

Löffelweise davon über die Birnen geben, einige Lücken lassen, aber bis an den Rand der Form davon geben. Zucker oder Zimtzucker darüberstreuen und das Ganze im vorgeheizten Backofen in etwa 40–50 Minuten goldbraun backen. Warm mit Vanilleeis oder geschlagener Sahne servieren.

Birnen-Feigen-Clafoutis mit Mandeln

3 reife Birnen
3 reife Feigen
200 g Crème fraîche
200 ml Milch
3 Eier
125 g Zucker
2 EL gemahlene Mandeln
½ TL gemahlener Zimt
Puderzucker zum Bestäuben
Schlagsahne zum Servieren
1 antihaftbeschichtete Backform, etwa 22–25 cm Durchmesser, gut mit Butter bestrichen

4–6 Portionen

Das köstliche Dessert ist ideal, wenn Gäste kommen: Es sieht fantastisch aus, ist aber superleicht zuzubereiten. Bereiten Sie einfach den Teig und die Früchte vor. Dann mischen Sie beides und schieben es zu Beginn des Essens in den Ofen. Es wird gerade dann fertig sein, wenn Sie es servieren möchten.

Den Backofen auf 200 °C vorheizen.

Birnen schälen, entkernen und in große Stücke schneiden. Von den Feigen das Stielende abschneiden und die Früchte in kleine Stücke schneiden. Ist auf den Häuten zu viel Weiß, schneiden Sie es ab. Die Früchte in die vorbereitete Backform geben und gleichmäßig verteilen. Beiseite stellen.

In einer Rührschüssel Crème fraîche, Milch, Eier, Zucker, Mandeln und Zimt verschlagen.

Den Teig gleichmäßig auf die Früchte in der Form gießen und die Clafoutis in etwa 35–45 Minuten im vorgeheizten Backofen goldbraun backen. Der Teig sollte leichte Blasen werfen. Etwa abkühlen lassen und vor dem Servieren mit Puderzucker bestäuben. Dazu schmeckt kalte, geschlagene Sahne.

Gebackene Äpfel und Birnen mit Trockenfrüchten, Honig und Haselnüssen

Gebackene Früchte sind einfach zuzubereiten. Das Rezept reicht für zwei Portionen; brauchen Sie mehr, verdoppeln oder verdreifachen Sie einfach die Menge. Ich esse dazu am liebsten einen großen Klecks Naturjoghurt.

2 Äpfel, am besten Cox oder Braeburn

1 reife Birne, am besten Conférence

20 g grob gehackte Haselnüsse

1 EL Sultaninen

4–5 gehackte, getrocknete Aprikosen

Gemahlener Zimt zum Bestäuben

Etwa 25–50 g Butter

Flüssiger Honig zum Beträufeln

Naturjoghurt, z. B. griechischer, zum Servieren

1 antihaftbeschichtete Backform, groß genug, damit die Früchte darin Platz finden

2 Portionen

Den Backofen auf 200 °C vorheizen.

Äpfel schälen. Falls nötig, ein Stück vom Boden abschneiden, damit dieser abgeflacht ist. Mit einem kleinen Messer oder Gehäuse-Ausstecher die Kerngehäuse entfernen. Mit einem kleinen Löffel rund um das Gehäuse zusätzlich etwas Fruchtfleisch herausschaben, um mehr Platz für die Füllung zu schaffen. Birnen schälen, halbieren und wie die Äpfel entkernen.

In einer kleinen Schüssel Haselnüsse, Sultaninen und Aprikosen mischen.

Äpfel und Birnen in die Backform setzen bzw. legen. Reichlich von der Nussmischung in die Höhlungen geben. Das Ganze mit etwas Zimt bestäuben und mit einem Stückchen Butter belegen. Zum Schluss die Früchte mit 1–2 Teelöffeln Honig beträufeln und mit Folie abdecken.

Im vorgeheizten Backofen etwa 20 Minuten backen, dann die Folie entfernen und weitere 10–15 Minuten goldfarben backen. Äpfel und Birnen auf Serviertellerlegen und ausgetretenen Fruchtsaft darüberträufeln. Warm mit Naturjoghurt servieren.

Pochierte Birnen

Die funkelnden, purpurroten Birnen sind der richtige Abschluss nach einer reichhaltigen Mahlzeit. Sie sollten im Voraus zubereitet werden, denn auf diese Weise können sie in der Pochierflüssigkeit marinieren und nehmen diese umwerfende juwelenartige Farbe an.

750 ml guter Rotwein
150 g Zucker
3 EL flüssiger Honig
Saft von 1 Zitrone
1 Zimtstange
1 Vanilleschote, längs eingeschnitten
1 großes Stück Orangenschale
1 ganze Nelke
1 schwarzes Pfefferkorn
4–6 feste Birnen
Gesüßte Crème fraîche, geschlagene Sahne oder Vanilleeis zum Servieren

4–6 Portionen

Sie benötigen einen großen Topf, in dem die Birnen aufrecht Platz finden. Zunächst Wein, Zucker, Honig, Zitronensaft, Zimtstange, Vanilleschote, Orangenschale, Nelken und Pfefferkorn in den Topf geben und bei schwacher Hitze erwärmen. Ab und zu umrühren, damit der Zucker sich gut auflöst. Den Topf vom Herd nehmen.

Die Birnen schälen und ganz lassen.

Birnen in die Weinmischung setzen und ohne Deckel köcheln, bis das Fruchtfleisch weich ist (testen Sie mit der Spitze eines scharfen Messers). Das dauert etwa 20–35 Minuten, je nach Menge, Größe und Reifegrad.

Die Birnen mit einem Schaumlöffel aus dem Topf nehmen und in eine flache Schüssel (kein Alu) setzen. Die Pochierflüssigkeit bei mittlerer Hitze auf die Hälfte reduzieren. Abkühlen lassen, dann durch ein Sieb über die Birnen gießen. Die Birnen mindestens drei Stunden in der Flüssigkeit lassen, ab und zu wenden.

Hinweis: Das Dessert kann mehrere Tage im Voraus zubereitet und im Kühlschrank aufbewahrt werden. Kurz vor dem Servieren die Birnen auf Zimmertemperatur erwärmen.

300 g Genueser Biskuit (etwa 23–25 cm Durchmesser)
4 EL Cognac (nach Belieben)
4–6 pochierte Birnen (s. S. 55)
Pochierflüssigkeit
250 g geschlagene Schlagsahne
Geröstete Mandelblätter zum Belegen

Für die Vanillesauce
250 ml Milch
50 g Crème double
8 Eigelb
75 g Zucker
1 Vanilleschote, längs aufgeschnitten, oder 1 TL Vanillepulver
1 Servierform aus Glas oder 4–6 kleine Servierschalen

4–6 Portionen

Würziges Birnen-Trifle

Trifle ist ein typisch englisches Dessert. Dies ist eine Variante, denn hier werden pochierte Birnen statt Birnen aus der Dose verwendet. Es lässt sich leicht zubereiten und sieht in einer Glasschale einfach fantastisch aus.

Für die Vanillesauce Milch und Crème double in einen Topf geben und bei schwacher Hitze erwärmen. In der Zwischenzeit Eigelb und Zucker in einer hitzebeständigen Schüssel verschlagen. Die warme Milchmischung dazugeben, durchrühren und wieder in den Topf geben. Unter ständigem Rühren (mit einem Holzlöffel) eindicken. Sobald die Sauce eindickt, den Topf vom Herd nehmen und die Sauce in eine Schüssel gießen. Vanilleschote auskratzen und die Samenkörner in die Sauce rühren. Die Oberfläche mit Frischhaltefolie abdecken, damit sich keine Haut bildet, und abkühlen lassen.

Kurz vor dem Servieren den Biskuit in Stücke schneiden und die Scheiben auf den Boden einer Servierform legen. Mit Cognac (nach Belieben) und Pochierflüssigkeit beträufeln. Mit geviertelten Birnen belegen, dann etwas von der Vanillesauce darübergeben. Die geschlagene Sahne in Klecksen daraufsetzen und das Ganze mit den Mandelblättchen bestreuen.

Chutneys und Konfitüren

Chutneys

Es ist immer gut, wenn man selbst gemachte Chutneys zur Hand hat. Mit einer Auswahl an Käse und Crackern gehören sie zu Imbissplatten. Köstlich schmecken sie auch zu gebratenem Fleisch – zu kaltem und zu heißem. Das Apfel-Birnen-Ingwer-Chutney mundet vorzüglich zu Schweinefleisch und das Apfel-Kirschen-Chutney mit roten Zwiebeln harmoniert mit Hühnchen, Truthahn und Ente.

Apfel-Birnen-Ingwer-Chutney

3 Tafeläpfel, z. B. Golden Delicious, geschält, entkernt und gewürfelt

2 große, reife Birnen, geschält, entkernt und gewürfelt

1 große Zwiebel, fein gehackt

375 ml Apfelessig

350 g hellbrauner Zucker

100 g Sultaninen oder Rosinen

140 g frischer Ingwer, geschält und fein gehackt

½ TL Meersalz

½ TL getrocknete rote Chiliflocken

Ergibt 1–1,5 l

In einen großen Topf (kein Aluminium) Äpfel, Birnen, Zwiebel, Essig, Zucker, Sultaninen oder Rosinen, Salz und Chili geben. Bei mittlerer Hitze unter gelegentlichem Rühren in etwa 30–40 Minuten eindicken.

Das Chutney in einen sauberen und trockenen, luftdicht verschließbaren Behälter füllen. Im Kühlschrank hält es sich bis zu 2 Wochen.

Apfel-Kirschen-Chutney mit roten Zwiebeln

3 Tafeläpfel, z. B. Golden Delicious, geschält, entkernt und gewürfelt

1 große oder 2 mittlere rote Zwiebeln, halbiert und in Scheiben geschnitten

175 g getrocknete Sauerkirschen

500 ml Apfelessig

3 EL hellbrauner Zucker

¼ TL gemahlene Nelken

¼ TL Meersalz

Frisch gemahlener schwarzer Pfeffer

Ergibt 500–750 ml

In einen großen Topf (kein Aluminium) Äpfel, Zwiebel, Kirschen, Essig, Zucker, Nelken, Salz und etwas schwarzen Pfeffer geben. Bei mittlerer Hitze unter gelegentlichem Rühren in etwa 30–40 Minuten eindicken.

Das Chutney in einen sauberen und trockenen, luftdicht verschließbaren Behälter füllen. Im Kühlschrank hält es sich bis zu 2 Wochen.

Karamell-Birnen-Relish

Schmeckt fantastisch zu gebratenem Schwein und Geflügel oder Brot mit reifem Käse.

4 reife Birnen, geschält, halbiert und entkernt
2 EL Zitronensaft
1 EL hellbrauner Zucker
50 g weißer Granulatzucker
¾ TL gemahlener Zimt
¼ TL gemahlene Nelken
65 ml Ahornsirup
1 kleine, rote Zwiebel, in 1 cm dicke Scheiben geschnitten
1 EL frisch geriebener Ingwer
5 EL Rosinen
125 ml Apfelessig
1 TL getrocknete rote Chiliflocken (nach Belieben)
Pflanzenöl zum Bestreichen

4–6 Portionen

Den Backofen auf 180 °C vorheizen.

Ein Backblech mit dem Pflanzenöl einstreichen. In einer Schüssel Birnen, Zitronensaft, beide Zuckersorten, Zimt und Nelken mischen und die Birnen mit der Mischung gut von allen Seiten bedecken. Birnen mit der Schnittseite nach unten auf das Backblech legen und mit etwas Pflanzenöl bestreichen. Im vorgeheizten Backofen in etwa 45 Minuten karamellisieren. Abkühlen lassen und in kleine Würfel schneiden.

In der Zwischenzeit die restlichen Zutaten in einen Topf geben und aufkochen. Bei schwacher Hitze ohne Deckel 5 Minuten köcheln. Den Topf vom Herd nehmen und die Masse abkühlen lassen. Die Birnenwürfel unterrühren. Zugedeckt einen Tag vor dem Servieren im Kühlschrank durchziehen lassen. Das Relish in einen sauberen und trockenen, luftdicht verschließbaren Behälter füllen. Im Kühlschrank hält es sich bis zu 10 Tage.

Apfelgelee

Eine Köstlichkeit ohne zusätzliche Aromastoffe. Die Zugabe von frischem Salbei macht daraus einen idealen Begleiter zu gebratenem Schwein. Holunderblüten sollten Sie ebenfalls ausprobieren.

3,5 kg säuerliche Kochäpfel, z. B. Boskoop
Zucker wie erforderlich (s. Methode unten)
Saft von 1 Zitrone, gefiltert
Einige frische Salbeiblätter oder unbehandelte Holunderblüten (nach Belieben)

Ergibt etwa 3 kg

Die Äpfel in Scheiben schneiden, aber nicht schälen. Apfelscheiben in einen großen Topf geben und mit Wasser bedecken. Jetzt die Holunderblüten zugeben, wenn gewünscht. Bei mittlerer Hitze in etwa 30–40 Minuten garen, dann über Nacht ruhen lassen.

Am nächsten Tag ein Geschirrhandtuch etwa 2–3 Minuten in Wasser kochen, gut auswringen und abkühlen lassen. Das Tuch über eine Schüssel spannen, die Apfelmischung hineingeben und die Flüssigkeit langsam in die Schüssel tropfen lassen. Nicht umrühren und auch nicht drücken, dann wird das Gelee trüb.

Den Saft abmessen und in einen sauberen Topf gießen. Ohne Deckel etwa 5 Minuten köcheln, den an die Oberfläche steigenden Schaum abschöpfen. Für je 250 Milliliter Saft benötigen Sie 200–250 Gramm Zucker. So lange rühren, bis sich der Zucker vollständig aufgelöst hat.

Das Ganze bis zum Siedepunkt aufkochen. Zitronensaft einrühren und in heiße, sterilisierte Gläser füllen (s. Hinweis S. 4). Einige Salbeiblätter hinzufügen. Abkühlen lassen und verschließen. So hält das Gelee 3–4 Wochen.

Apfel-Cranberry-Sauce

Eine klassische Fruchtsauce, die zu Pute, Gans oder gebratenem Schwein schmeckt. Zur Weihnachtssauce wird sie, wenn sie während des Kochens gemahlene Nelken und einen Spritzer Balsamicoessig zugeben.

350 frische Cranberries

1 großer, säuerlicher Kochapfel, z. B. Boskoop, geschält, entkernt und gehackt

60 g gehackte, getrocknete Aprikosen

150 g Zucker

4 EL frisch gepresster Orangensaft

4–6 Portionen

Alle Zutaten in einen großen Topf geben und bei mittlerer Hitze unter häufigem Rühren kochen. Gegebenenfalls etwas Wasser zugeben. Beim Kochen knallen die Cranberries, was sehr nett ist.

So lange garen, bis die Früchte weich sind und die Mischung eingedickt ist. Das dauert etwa 15–20 Minuten. Den Topf vom Herd nehmen. Süß genug? Je nach Geschmack weiteren Zucker unterrühren. Die Sauce in einen sauberen und trockenen, luftdicht verschließbaren Behälter füllen. Im Kühlschrank hält sie sich 3–4 Tage. Vor dem Servieren auf Zimmertemperatur erwärmen.

Apfel-Kürbis-Konfitüre

Eine ungewöhnliche, aber köstliche Konfitüre. Ideal für den Herbst, weil man die ausgedienten Halloween-Kürbisse verwerten kann.

1 kg Kürbis, geschält, entkernt und gewürfelt

1 kg säuerlicher Kochapfel, z. B. Boskoop, geschält, entkernt und zerkleinert

Saft von ½ Zitrone

500 g Zucker

1 TL gemahlener Ingwer

Ergibt 1,2 l

Alle Zutaten in einen großen Topf geben. Bei mittlerer Hitze mit Deckel 5–10 Minuten kochen, um die Säfte freizusetzen. Dann den Deckel abnehmen und die Hitze reduzieren.

40–50 Minuten köcheln, ab und zu umrühren. Äpfel und Kürbis mit einem Holzlöffel zerdrücken, damit die Stücke kleiner werden.

Abkühlen lassen und dann die Konfitüre in saubere und trockene, luftdicht verschließbare Behälter füllen. Im Kühlschrank hält sich die Konfitüre 10 Tage.

Apfel-Brombeer-Konfitüre

Diese fruchtige Konfitüre lässt sich unglaublich einfach zubereiten und ist absolut köstlich.

600 g Brombeeren

625 g (etwa 3) Kochäpfel, z. B. Boskoop, geschält, entkernt und klein geschnitten

450 g Zucker

1 EL Zitronensaft

Ergibt etwa 1 l

Brombeeren, Äpfel, Zucker und Zitronensaft in einen großen Topf geben. Bei mittlerer Hitze unter Rühren kochen, bis der Zucker sich vollständig aufgelöst hat.

Weitere 20–30 Minuten unter gelegentlichem Umrühren die Früchte weich garen. Mit einem Holzlöffel beim Umrühren die Früchte leicht zerdrücken. Den Topf vom Herd nehmen. Die Konfitüre in saubere und trockene, luftdicht verschließbare Behälter füllen. Im Kühlschrank hält sie sich 7–10 Tage.

Apfelkonfitüre

Verwenden Sie sie wie jede andere Konfitüre: auf Toast, zu Brioche, in Sandwiches, zu Pfannkuchen oder als Füllung für Biskuitkuchen.

1,5 kg gemischte Äpfel, z. B. Braeburn, Cox oder Boskoop, geschält, entkernt und klein geschnitten

350 g flüssiger Honig

200 g Zucker

2 EL Zitronensaft

1 TL gemahlener Zimt

½ TL gemahlene Nelken

250 ml Apfelsaft

Ergibt etwa 2 kg

Alle Zutaten in einen großen Topf geben. Aufkochen und gelegentlich umrühren. Die Hitze reduzieren und köcheln lassen. Ab und zu mit einem Holzlöffel umrühren und die Äpfel zerdrücken. Etwas 20–25 Minuten köcheln, bis die Fruchtmasse eingedickt ist. Den Topf vom Herd nehmen.

Die Konfitüre in saubere und trockene, luftdicht verschließbare Behälter füllen. Im Kühlschrank hält sie sich 7–10 Tage. Alternativ in heiße, sterilisierte Gläser füllen (s. Hinweis S. 4). Abkühlen lassen und verschließen. Die Konfitüre hält sich 3–4 Wochen.

Register